DÉPART DE LA CARAVANE.

LA CHINE VIERGE

I

L'Occident politique remonte aujourd'hui vers son berceau ethnographique, l'Orient. Tous ses efforts, auxquels concourent ses diplomates, ses flottes, en attendant l'intervention de ses armées, visent à faire pénétrer et prévaloir sa civilisation dans les empires asiatiques dont il prépare le démembrement. C'est la Chine qui est maintenant son principal objectif, et par tous les moyens il attaque ce vaste bloc qu'au vingtième siècle, il espère bien avoir achevé de fragmenter selon ses calculs. La région chinoise du Fleuve Rouge est déjà devenue tributaire de puissances européennes, et ce sera bientôt le tour de celles du Fleuve Bleu, où les obstacles naturels : écueils, bancs de sable, qui ont rendu si longtemps la navigation difficile, seront l'un après l'autre vaincus par le progrès, jusqu'à ce que le commerce se soit ouvert tous les ports et que les idées modernes aient renversé toutes les barrières.

Nous avons indiqué ailleurs (1) dans quel sens se fera probablement cette révolution qui sera sans doute d'abord et surtout économique, étant donné que tous les États d'Europe dans leur expansion coloniale ne cherchent que des débouchés à leurs produits, sources de l'existence même de leur vie nationale et de son développement, qu'ils ne conquièrent

(1) Voir *Bibliothèque illustrée des Voyages*, n° 32. *La Chine chinoise*, par Gaston DE BEZAURE.

plus dans un but exclusif d'agrandissement territorial, et que l'expérience leur a démontré combien il importe de laisser à la conquête assez d'élasticité pour ne pas constituer à l'égard de la métropole une charge et un danger.

C'est vraisemblablement sur ces bases que se reconstruira la Chine au cours des cent ans qui vont se dérouler, mais cette transformation n'aura de résultat utile aux intérêts de l'humanité qu'à la condition de s'opérer par assimilation, c'est-à-dire de sauvegarder tout ce qu'il y a de force virtuelle dans le génie chinois, en le modernisant.

Ces éléments, dont la fécondité est puissante, s'ils sont mis en œuvre par une direction affranchie de préjugés et de traditions, donneront. pourvu qu'on s'y prenne sagement, des richesses merveilleuses. Seulement ils disparaîtront en leurs formes originelles pour entrer dans les nouvelles combinaisons sociales et politiques de l'Extrême-Orient; et. de même que. dans les compositions chimiques, les diverses substances associées perdent leurs propriétés natives, il ne restera plus de ces facteurs primitifs d'autre marque que leurs vertus d'action ou de réaction.

Il est donc important de faire un inventaire de ces formes et de ces propriétés pendant qu'on les a encore sous les yeux, et sous ce rapport l'étude de la Chine Vierge présente un attrait exceptionnel.

II

Le Fleuve Bleu n'est pas bleu, du moins dans la plus grande partie de son parcours. Ses eaux ne prennent une teinte azurée qu'en avançant vers le Thibet et en remontant vers le Se-Tchouen. Avant d'arriver là, elles sont jaunâtres ou plutôt jaunes et bourbeuses. Les lettrés, qui l'appellent Yang-Tsé-Kiang ou Ta-Kiang, ce qui signifie ou Fleuve Bleu ou Fils de l'Océan (Grand Fleuve), prétendent, s'il faut en croire Reclus, qu'il symbolise le principe mâle (Fils du Ciel, dont l'azur est la vraie couleur). Métaphysique fantaisiste peut-être, mais qui est admise par tous les Chinois, fiers de cette immense artère fluviale. Le Yang-Tsé est un indépendant; ses flots, rebelles aux caresses des vagues, font très visiblement digue à son embouchure, comme s'ils résistaient à leur fusion avec la mer orientale.

Il traverse une région tourmentée, hérissée de montagnes très imparfaitement connues, région peu explorée, en apparence inextricable, et dont les retraites abritent les races animales échappées à la domesticité : ours blancs, faisans bleus, perroquets verts... Des torrents descendent de ces hauteurs, qui portent des monastères bouddhiques et des noms mystérieux ou imposants : Roi des Morts (Jara), Dragon des Neiges (Seoucloung). Sur ses rives, à droite et à gauche, se sont élevées des villes qui ont, aussi longtemps que possible, repoussé le contact avec les Européens en leur fermant obstinément les ports. Quelques-unes de ces villes ont eu des époques de fabuleuse prospérité, décrue peu à peu, par suite de circonstances diverses. Ainsi Tchin-Kiang-fou, dont le canal impérial (Iun-léan-hô) était jadis une des merveilles de la Chine et qui

(1) Voir n° 32 de la *Bibliothèque des Voyages, la Vraie Chine,* par Charles SIMOND.
(2) Voir n° 38 et 44 de la *Bibliothèque des Voyages.*

n'est plus qu'une sorte de fossé d'écoulement. Chaque année trois mille grandes jonques passaient là, dans l'eau profonde, apportant aux gre-

niers du Fils du Ciel les tributs de riz et de sorgho des provinces méridionales. Unique au monde, le canal n'était navigable que pour les jonques impériales. Le maître invisible qui régnait à Pékin s'en réservait l'usage exclusif. Quiconque, pilote, marin, voyageur, y était rencontré sans autorisation du souverain méritait la mort et n'y échappait point. Quand les empereurs, avertis des luttes intestines de la région, se désintéressèrent complètement de la population remuante et ingrate de Tchin-Kiang-fou, ils interdirent l'entretien du Iun-léan-hô, qui fut envahi par la vase et devint un marécage de sept cents lieues de longueur. Le premier devoir des Européens, s'ils s'installent en maîtres ou en concessionnaires à Tchin-Kiang-fou, sera de rouvrir le canal impérial à la navigation, et ils rendront par là même au port sa valeur d'autrefois.

A quelques heures de Tchin-Kiang-fou est Nan-king, relié au fleuve par un petit canal. La ville, fameuse dans le passé, notamment par sa tour de porcelaine, dont il n'existe plus trace, a été complètement dévastée pendant la grande insurrection des Taïping, et ne s'est pas relevée de ses ruines. Là, comme ailleurs, en Chine méridionale, la sève chinoise, cette sève vierge dont nous avons signalé les ferments, n'est pas tarie, malgré toutes les calamités qui se sont abattues sur la contrée. La population reste active, patiente, laborieuse, asservie il est vrai à ses traditions, mais possédant assez de spontanéité pour se ressaisir quand le régime d'oppression et d'exaction maintenu par les mandarins aura cessé, quand les courants européens y auront assez de force pour substituer la justice à l'arbitraire.

III

Le Se-Tchouen, qui est la plus grande province de la Chine, a pour bornes : au nord le Kan-Sou, à l'est le Thibet, au sud le Yun-nan et le Koci-Tchcou, à l'ouest le Hou-pé. Sa population s'élève à 71 millions d'habitants, qui occupent un territoire de 479,208 kilomètres carrés. Sa capitale est Tchinh-Tou-fou. Il appartient à cette zone, considérée comme la Chine Vierge, parce qu'elle ne fut, jusqu'en 1870 et même après, visitée que par quelques missionnaires ou par des voyageurs européens aventureux. Les quatre vallées (c'est la traduction française de l'expression chinoise Se-Tchouen) comprenaient il y a vingt ans douze *fou* ou cités de premier ordre, neuf *tin* et dix-neuf *tcheou*, villes de second-ordre; cent douze *thien*, villes de troisième ordre, sans compter une quantité innombrable de villes non classées dans ces trois degrés, de bourgs, de bourgades et de villages. Pendant des siècles il s'était dérobé aux convoitises des Européens en opposant à la navigation du Yang-Tsé des barrages successifs et rapides.

Dès la plus haute antiquité, les chroniqueurs et annalistes chinois vantent la beauté, la fertilité de cette partie de l'empire. Il est hors de doute que ses richesses pourraient devenir accessibles aux Européens dont les établissements sont les plus voisins de la Chine méridionale, c'est-à-dire principalement aux Français, quand nous saurons nous y assurer des avantages, et faire prévaloir l'exécution des clauses de nos récentes conventions avec la Chine, qui nous promettent pour Hinterland d'influence de l'Indo-Chine les provinces chinoises limitrophes de nos possessions en Extrême-Orient. Peut-être même la récente transformation de notre administration coloniale en Asie favorisera-t-elle ces espérances, malheureusement encore lointaines. Mais il serait imprudent de détourner un seul instant les yeux de ce but. Le Se-Tchouen est en effet un grenier d'abondance, et déjà les Anglais ont fait l'année dernière avec la Chine un traité qui défend de concéder le bassin du Yang-Tsé à aucune autre puissance que la Grande-Bretagne. Ce pays possède des trésors incalculables.

Il a en quantités énormes ce grand trésor qu'est le charbon, et, comme on le verra plus loin au cours du récit de M. Gaston de Bezaure, il possède à lui seul plus de terrains houillers que tous ceux du reste de la Chine réunis. Sa soie est supérieure à celle de la plupart des autres provinces où l'on pratique la sériciculture. Les chevrotins de ses montagnes donnent un musc très estimé et la région est d'autant plus riche économiquement qu'elle se trouve exploitée au point de vue commercial par des négociants qui se sont fixés dans le Se-Tchouen après la dévastation du pays par le féroce Tchan-hien-tong et y ont relevé les marchés. Certaines villes, comme Su-tcheou-fou, recèlent des œuvres d'art authentiques et de leurs ateliers de sculpture, de gravures fines, d'orfèvrerie, dirigés par des maîtres de génie qu'égalent souvent leurs ouvriers, sortent ces jades, ces agates, ces nielles moirées, ces incrustations de plumes de martin-pêcheur sur argent, qui semblent n'appartenir qu'au rêve.

Une seule chose fait défaut au Se-Tchouen. et c'est la plus importante. Nous voulons parler de la sécurité des communications soit par eau, soit par terre. Quelques améliorations y ont à la vérité été introduites depuis vingt ans, mais le système gouvernemental de toute la région, transformé après la victoire de Li-Hong-Tchan sur les Taïping, n'a fait en définitive qu'empirer la situation. La Chine en est encore à notre régime féodal et aux barrières douanières de ville à ville, aux tailles de toute nature, à tout ce qui sert de prétexte et d'occasion au mandarin de s'enrichir. La fortune colossale de Li-Hong-Tchan en est une preuve manifeste. Ajoutez que la terreur, seul mode d'administration pratiqué dans le Se-Tchouen, n'empêche point les pillards d'infester les routes, de rançonner les marchands.

Cet état de choses n'est cependant pas tel que l'Occident doive désespérer de se voir à jamais exclu de la Chine Vierge. Déjà, il y a cinquante ans, peu s'en est fallu que les Anglais ne s'y établissent dans ces conditions provisoires, dont ils s'entendent si habilement à faire une occupation définitive. Lorsqu'en 1841 et 1842 les grandes villes du littoral furent tombées en leur pouvoir, grâce aux opérations navales de l'amiral sir William Parker, aidé de sir Henry Gough, ils entrèrent avec toute leur flotte dans le Yang-Tsé, détruisirent Tchin-Kiang-fou et arrivèrent jusque sous les murs de Nan-King. Le traité que les Chinois s'empressèrent de signer dans cette dernière ville ouvrit cinq ports aux Européens. Les Chinois en bénéficièrent toutefois autant que leur ennemi. Celui-ci était au cœur de l'empire. Qu'auraient fait les mandarins si les vainqueurs avaient refusé toutes les offres de paix et d'indemnités?

Ce qui s'est passé alors peut évidemment se renouveler demain, sinon par l'action d'une seule puissance européenne, que les autres compétitions ne laisseraient pas libre de tous ses mouvements, du moins par le concours de toutes les convoitises. Mais il reste à savoir si ce concours est pratiquement possible avant l'entente encore bien illusoire des gouvernements d'Occident. Nous voyons actuellement la Chine sollicitée, sous menace, de multiplier ses concessions aux visées et exigences commerciales de l'Angleterre, de la Russie, de l'Allemagne, et plus faiblement de la France. Chacune de ces puissances n'opère toutefois que pour son compte personnel, toutes se jalousent, et l'une après l'autre voudrait se faire donner la part la plus belle. Or, ce sont ces rivalités mêmes qui font le salut de la Chine. Elle succomberait si tous ceux qu'elle voit armés contre elle se liguaient en une croisade ayant pour objet de briser la chaîne despotique des traditions séculaires, si en même temps le peuple chinois, qui sanctionne les abus du pouvoir par une passive uniformité de respect pour les choses établies depuis Confucius, comprenait qu'il est le nombre et avait le sens de cette force à laquelle il ne suffit que la volonté pour rompre le joug. Mais nous croyons que les voies suivies par l'Occident ne feraient que retarder l'heure de ce grand changement dans les mœurs, les idées et les institutions chinoises. Il ne faut pas oublier quel est le fondement du caractère de ces peuples demeurés primitifs, malgré leur civilisation, au milieu de notre siècle fécond en révolutions. Le Chinois répare le plus souvent par la ruse ce qu'il a perdu par la faiblesse, et il est passé maître pour faire des alliés du lendemain de ses adversaires de la veille. C'est ce qui a lieu en ce moment par rapport à l'attitude réciproque du Japon et de la Chine. Les blessures reçues ou infligées sont déjà presque oubliées et le traité de Simonosaki semble n'être plus qu'un lien d'amitié. L'Orient se compte en regard de l'Occident, qu'il tâche à diviser, en constituant à son propre profit une nouvelle triplice où entrerait, de concert avec Pékin et Tokio, le cabinet de Londres, ou, si celui-ci hésite, l'Allemagne, ou encore Saint-Pétersbourg, si Berlin n'accepte point.

Il convient néanmoins de faire distinction : les vieux Chinois sont attachés au respect de tout ce qui fut du temps de leurs aïeux et de ce qui, suivant eux, doit être éternellement invariable pour eux et pour les générations futures, sans en excepter les abus; mais il y a une Jeune Chine qui dépouille graduellement les traditions et croit au progrès, l'accepte, veut l'introniser. Cette Jeune Chine n'a pas seulement des partisans dans certaines classes du pays, mais sa voix a pénétré jusque dans l'enceinte inviolable du palais. Les évènements tout récents en sont la preuve. Le Fils du Ciel lui-même a prêté l'oreille aux réformes suggérées par l'Occident, et si l'impératrice a donné gain de cause aux vieux Chinois en livrant au supplice les novateurs trop hardis, l'antique édifice despotique n'en a pas moins tremblé sur sa base. Il oscille : qui peut affirmer qu'il ne va pas s'écrouler comme la tour de Nan-King? Ce jour-là, la Chine Vierge sera, comme nous l'avons déjà expliqué, la libératrice de l'empire. Son énergie native, sa réserve de vie saine et forte le sauveront.

Charles SIMOND.

QUAI D'EMBARQUEMENT DU THÉ.

LE PAYS DU FLEUVE BLEU [1]

LE SE-TCHOUEN

I

La permière ville du Se-tchouen que nous apercevons sur la rive gauche du fleuve en pénétrant dans la fameuse province de même nom, qui est l'une des plus grandes de la Chine, nous offre déjà des maisons bien bâties, propres, larges, espacées, à leur aise. C'est Ou-chan-shein, entouré de murs et posé sur un plateau élevé au milieu d'un paysage charmant. Je vois sur les rives des *arbres à suif* [2] : ils ressemblent beaucoup aux cerisiers et produisent des graines blanches de la forme et de la grosseur d'un pois chiche; on en extrait une espèce de graisse dont on fait des chandelles. Nous ne nous arrêtons pas devant Ou-chan-shien. A peu de temps

(1) Extrait de l'ouvrage intitulé le *Fleuve Bleu*, par Gaston DE BEZAURE, Paris librairie Plon.
(2) Le *ou-kieou-mou* (Creton sebiferum).

de là, les passages dangereux recommencent, et nous traversons encore des rapides. En voici un, le Yeou-tcha-tsi, puis un autre. Plus loin, se dresse un rocher au milieu du fleuve. « Voilà, me dit le pilote, l'écueil où vont se briser bien des barques. En descendant la rivière, beaucoup s'y jettent, pour éviter un fort tourbillon, et si les eaux sont hautes, le danger est plus grand : les jonques se heurtent, sans le voir, au rocher disparu. » Quand nous fûmes tout près, nous reconnûmes des épaves, des débris d'un naufrage récent. Peu de temps auparavant, plusieurs hommes s'étaient noyés là.

Notre jonque nous dépose à Koueï-tcheou-fou, c'est une fort jolie petite ville, qui nous frappe par l'aspect propre et gai de ses rues, par l'élégance de son *ya-men*, que l'on distingue de loin aux deux longs mâts rouges qui le précèdent, et par l'originalité de ses boutiques : elles sont saillantes, de couleurs variées, multipliant les enseignes laquées, noires avec des lettres d'or, et présentent des échafaudages de jujubes, des gâteaux de châtaignes d'eau en pyramide, tentant la gourmandise de l'acheteur. Aux devantures, on voit des *pa-touan*, étoffes de soie épaisses, brodées d'oiseaux et de dragons; des crêpons roses, des bonnets d'enfants représentant la tête d'un tigre et ornés de grelots, de plumes de paon et de verroteries. Une quantité de belle peaux de léopard indiquent le voisinage de ces fauves dans les montagnes.

Notre visite à Koueï-tcheou fut courte. Nous avions hâte d'arriver dans la grande cité de Tchong-kin, où enfin nous pourrions faire un long séjour hors de la barque. Les champs de pois et de blé dégringolent des montagnes jusqu'à la rivière; puis le pays redevient sauvage, et différents bourgs défilent sur les deux rives. Nous voyons surgir de jolies pagodes, entourées d'arbres, et, perchées tout en haut, de petites forteresses, la plupart ruinées. Ce sont, paraît-il, pour les gens du pays, des lieux de refuge ou de défense contre les voleurs et les rebelles. Elles m'ont paru de piteux asiles.

Le Yang-tze s'étend davantage en cet endroit, les montagnes s'écartant un peu et lui laissant quelque liberté. Devant la ville de Wan-schien, disposée sur un plan incliné que coupe en deux un ravin, il devient assez large. Des plantations de tabac le bordent de chaque côté. Nous voyons là beaucoup de *ton-chou* (1). C'est un arbre particulier à la province; il rappelle beaucoup le noyer, et son fruit ressemble fort à la noix. Les Chinois en expriment le *tong-yeou*, qui est une huile très recherchée, remplaçant avantageusement le vernis En faisant bouillir et en y jetant de l'eau fraîche au moment de l'ébullition, on obtient une glu excellente. C'est un produit peu cher, qui ne coûte que trente francs le

____

(1) Vernicia montana.

picoul. L'exportation du *tong-yeou* peut s'estimer à près de quatre millions.

Tout à coup, nous percevons au fond du fleuve un bruit singu-

lier: on dirait une sonnerie argentine, comme si les pièces de métal s'entre-choquaient. J'interrogeai les mariniers.

— Qu'est-ce donc qu'on entend là?

— C'est, me répondit l'un d'eux, que le fleuve roule des morceaux d'or.

— Et l'on n'essaye pas d'y aller voir ?

Il secoua gravement la tête.

— C'est trop profond !

Le fait est que, sur un banc de gravier, des hommes tamisaient et lavaient le sable. Il faisaient le métier de chercheurs d'or.

« Gagnez-vous beaucoup à cela ? leur demandai-je.

« Autant que si nous travaillions en journée ; nous ramassons par jour une valeur de trois cent sapèques. »

C'était environ vingt-cinq sous.

Six jours après notre station à Koueï-tcheou-fou, poussés par un vent favorable, nous venons amarrer sur la rive droite, devant Tchong-tcheou, pour y passer la nuit. Un merveilleux coucher de soleil éclaire la ville ; elle est assez éloignée ; ses pagodes se dérobent derrière de hauts arbres ; autant que nous pouvons voir, elle nous paraît très pittoresque. Dans la soirée, le spectacle fut superbe : décidément Tchong-tcheou tenait à Kon-fou-tze pour nous faire emporter d'elle une impression brillante : elle était tout illuminée ! C'était très beau. Les flots du Yang-tze réfléchissaient la rive empourprée et semblaient lancer des jets de lumière : les pagodes de feu s'y renversaient en formes sveltes ; les maisons toutes rouges s'y tenaient sur leur toiture, faisant éclair des quatre murs ; c'était un bouquet d'artifice sous le fleuve, et des fusées de flammes tremblant dans l'eau. Je priai notre *lao-pan* de m'apprendre en quel honneur cette fête soudaine était donnée. « En l'honneur de la lune, » me répondit-il. Je fus un peu interdit, trouvant sa réplique saugrenue. Mais il me dit une date qui expliquait tout. Le quinzième jour de la première lune est en effet pour les Chinois une époque de réjouissance. A Pékin, on l'appelle la *fête des lanternes*. Tout le monde peut avoir la sienne et contribuer à l'illumination générale : c'est un hippogriffe, c'est une guivre, ou tout autre animal fantastique.

Le premier jour de chaque lune, on invoque Kon-fou-tze (1), le Grand-Saint, et le quinze de la huitième, on fête encore la lune elle-même, avec le petit lièvre qui l'habite. Mais ce qui donne à cet anniversaire sa signification réelle, c'est le souvenir d'un immense massacre de tous les Tartares disséminés dans l'empire. Je conçois que la haine contre les vainqueurs, la vengeance, le patriotisme, aient rendu cette date chère aux Chinois ; mais ce que je m'explique moins, c'est que les Tartares aient accepté la mémoire d'une pareille humiliation. Ils la célèbrent solennellement, avec éclat, avec enthousiasme, ni plus ni moins que les vrais Chinois. Il est probable qu'ils en ignorent le sens et l'origine.

Nous partîmes au matin, de très bonne heure, afin de profiter

____
(1) Confucius.

du beau temps qui continuait. La route était toujours dangereuse. Le fleuve s'était mis tout à fait à l'aise, les montagnes le laissant largement passer; mais il était encore semé de bancs de gravier et de quantité de roches à fleur d'eau : de menaçantes aiguilles de pierre hérissaient ses bords.

Des volées de faisans dorés partent près de nous; sur les bancs de gravier, au milieu de l'eau, des groupes de deux ou trois grues à collier baissent le cou sous leur pèlerine grise et attendent éternellement le poisson : cette pause leur a fait donner le nom de *lao-tan*, oiseaux de patience. Nous apercevons de la fenêtre du bateau Fong-tou-shein et le laissons bientôt derrière nous ; puis une tour s'élance de la cime du mont: elle annonce un *shein*, c'est-à-dire une ville de troisième ordre. Nous n'avions pas encore vu, durant ce voyage, de ces sentinelles émergeant du roc, le corps emprisonné dans sept cercles de briques qui se rétrécissent en hauteur, la tête coiffée d'une houppe de pierre. Je n'en connaissais que dans le Fokien. Celle-ci nous signale Fou-tchou-shien, dont on commence à distinguer les faubourgs.

Quelques heures après, nous arrivions à Fong-tou-shien. C'est une ville de troisième ordre, tassée au confluent du Fleuve Bleu et du Ou-kiang, rivière qui sort de la province de Koueï-tcheou. Sa principale célébrité consiste en un certain vin couleur chocolat, que les Chinois estiment infiniment.

*
* *

Encore trois jours, et nous débarquerons dans Tchon-kin. A mesure que l'on approche de ce centre considérable de commerce, les deux rives perdent leur aspect sauvage : les cultures réapparaissent de plus en plus nombreuses, et l'on voit se dérouler des champs d'orge, des terres semées de pavots, des plantations de tabac. Pour la première fois, j'observe le fameux « arbre à cire » (*pe-la-chou*). L'écorce en est blanchâtre; il est haut à peu près comme un cerisier, mais les feuilles sont plus larges et plus longues. C'est sur elles que l'insecte à cire vit et se reproduit : il dépose sur les tiges une substance laiteuse; c'est la cire. Le *pe-la* est de tous les produits exportés par le Se-tchuen celui qui offre le plus d'intérêt et qui a la plus grande importance; sur ses marchés, cent livres de *pe-la* valent quatre cents francs, et l'exportation totale de la province en est de cinq cent mille taëls (1).

Le charbon est encore une des richesses du Se-tchoüen. On dit même que les terrains houillers de cette province sont plus nombreux que tous ceux du reste de la Chine réunis. Les districts de Chen-tou-fou et de So-ni-tcheou-fou fournissent les plus grandes

(1) Quatre millions de francs.

quantités et les qualités les meilleures. Il y a aussi des mines de fer, et ce métal est l'objet d'une grande industrie.

Notre jonque avance plus vite. Les montagnes sont maintenant très cultivées: autour de nous, des rizières se superposent en escalier; des ravins y amènent l'eau, que l'on fait tomber d'un champ à l'autre. Elles sont grises, mais dans trois mois elles deviendront d'un beau vert tendre.

TYPE CHINOIS DU NORD.

Tchang-tcheou-shien est notre dernière étape avant d'arriver à Tchong-kin: nous y recevons un envoyé du *pa-shein* (1), chargé de nous demander quel genre de maison nous désirons habiter dans la ville de Tchong-kin-fou.

Bientôt nous voyons cette grande cité surgir du bord occidental du fleuve, debout sur un rocher presque à pic, et séparée en deux

(1) Nom conservé de l'ex-royaume de Pa-kouo, dont Tchong-kin était la capitale; il sert à désigner à la fois l'étendue de la juridiction de cette ville et le sous-préfet lui-même.

par un immense vallon. Dans l'après-midi, nous entrâmes enfin au

COIFFURES DE FEMMES.

port. Les mariniers attachèrent la jonque à la rive même et jetèrent une planche sur la berge en guise de pont.

II

TCHONG-KIN

Nous voici dans une des rues principales de Tchong-kin. Les dalles de pierres sont noires et sales; au milieu roule une fange liquide avec des odeurs de relent; les immondices se tassent devant les portes ou dans des coins. A toutes ces vapeurs suspectes, des cuisines en plein vent mêlent leurs effluves, des fourneaux de terre cuisent des gâteaux à l'huile de sésame et les *ouo-ouo*, sorte de mixture de farine et de viande hachée; des mendiants loqueteux, noirs de crasse se chauffent les mains aux brasiers. Les magasins nombreux se touchent : une boutique de médecine porte en exergue cette légende ambitieuse : *Ici on trouve le remède à tous les maux;* une autre a pour enseigne des cornes de cerf qui entrent ici dans beaucoup des compositions médicales, et l'on y voit appendues des racines de *fou-lin*, qui contiennent une chair blanche très employée dans toutes les drogues chinoises. Sur tous ces objets et sur d'autres encore flottent des lambeaux écarlate, pour tirer l'œil.

Dans quelques endroits, on tresse des malles de canne, à la vue des passants; on forge de grandes serpettes, dont s'arment les gens des montagnes; puis s'ouvrent des fumeries d'opium et des maisons de thé (1).

Toute la rue est pleine de monde. Nous sortons de là et débouchons sur une vate place toute couverte de maisons de bois : c'est comme une ville en petit dans la grande. Elle sert de Champ de Mars, mais seulement à l'époque de la revue solennelle faite tous les six ou sept ans par le *hian-kiun* (2). La cité que nous traversons, habitée par six cent mille âmes, est une ville de premier ordre. Son port a le mouvement commercial le plus considérable de toute la Chine occidentale. On en emporte une grande quantité de soie, par pièces de différentes nuances et qualités, dans les provinces du Ke-si, du Kan-sou et surtout du Yu-nan, qui en manque le plus ; l'élève des vers à soie et le tissage sont la principale industrie des environs.

Il y a à Tchong-kin beaucoup de grands négociants originaires des huit provinces voisines : ils y forment différents corps, suivant les régions d'où sont venues leurs familles, et chacun a son lieu de réunion observant des lois spéciales pour le commerce.

Les maisons de Tchong-kin sont en général basses; celle que les mandarins nous avaient réservée était la plus belle et la mieux

(1) Les maisons de thé sont les cafés de la Chine.
(2) Maréchal tartare.

située de la ville. Mais toutes sont à peu près distribuées de la même manière. L'entrée s'ouvre contre les murs des remparts. Après le vestibule des palanquins et la chambre du lettré, un escalier droit descend dans le jardin, sur un des côtés duquel est le principal corps de logis. Il se compose, au rez-de-chaussée, d'un *ko-ting* ou salon d'été, ouvert à tous les vents et contigu à deux autres pièces ; au-dessus règne dans toute la longueur de l'étage la grande salle de réception, qui communique presque de plain-pied avec le couloir d'entrée. Elle est aveuglée du côté du jardin par la toiture en éteignoir qui projette un vaste auvent de tuile au front du salon d'été ; des piliers de bois verni rouge, surmontés de moulures d'or et plantés sur des socles ronds de marbre gris, soutiennent cette verandah et font figure de portique.

Au fond du salon se dresse un large siège de bois noir, très haut : c'est une espèce de canapé chinois à deux places, supportant une petite table où l'on pose les tasses de thé, et qui sépare le maître de maison de son invité principal. La place d'honneur est à gauche de celui qui reçoit.

Dans toutes les maisons, ce meuble est placé vis-à-vis de la porte afin de ne rien pérdre de ce qui se passe dans le jardin ou dans la cour du logis. Les murs sont décorés de quelques images sans perspective, sur gaze de soie ; elles représentent, l'une, un bon vieillard appelant à lui le bonheur, que figure une chauve-souris ; d'autres, une série de dieux à face terrible. Devant le salon s'arrondit le parterre, avec des rangées symétriques d'arbustes et de fleurs. Dans d'élégants vases de faïence blanche à personnages en relief sont de beaux camélias de nuances variées, des *lan-hoa*, petites fleurs blanches aux parfums exquis, de la famille des tulipes, et dont un seul bouquet suffit pour embaumer un appartement ; deux pêchers qui semblent posés à l'envers, les branches menaçant les vases, comme s'ils avaient la tête en bas et la racine en l'air ; plusieurs petits tamarins auxquels les jardiniers chinois ont donné la forme et la tournure des *pa-keou*. Les *pa-keou* sont des chiens de Pe-kin, aux grands yeux ronds hors de l'orbite, aux oreilles longues, aux pattes tordues.

Les deux pièces qui communiquent avec le *ko-ting* deviennent nos chambres ; nous y installons les petits lits de camp qui nous suivent depuis Han-keou. Elles sont tristes, obscures, ne recevant un peu de jour que d'une fenêtre à carreaux de papier. Nous regrettons presque notre barque. Sur le devant de la maison, près de la grande porte d'entrée, il y a la cuisine et les appartements du lettré et des domestiques. Ils étaient une dizaine de porteurs de palanquins et *ken-pan-ti* (1).

Nous passions des après-midi à regarder par les fenêtres, dans

(1) Suivant.

la vaste pièce au-dessus de nos chambres, dont nous avions fait notre salle de réception.

De là, on dominait toute la ville. Un fouillis de maisons, descendant graduellement, formait un horizon bizarre de toits retroussés, en petites tuiles recouvertes d'une mousse noirâtre : quelques-uns s'ouvraient en terrasse, et l'on y voyait tendues des loques bleues ou blanches. Les larges corniches des pagodes, aux briques de

PORTEFAIX CHINOIS.

couleurs, éclataient çà et là. Vers le milieu de la ville, une espèce d'entonnoir se creusait parmi ce flot de toitures, qui se relevaient ensuite suivant la courbe du *Pa-chan*, colline jetée en travers de Tchong-kin ; sur l'arête se tenait une tour en équilibre. Il me fut dit que la nuit on y plaçait des sentinelles, pour veiller au feu et faire tonner le canon d'alarme en cas d'incendie. A ce signal, les *h'opin* (sapeurs-pompiers) accourent pour porter secours. De tous les côtés la vue est magnifique. Si nous allons à une autre croisée, nous voyons serpenter les eaux claires du Kia-lin-ho, roulant sur un sable doré, et à quelque distance se grouper la ville de Kiang-pe-ting, en dos-d'âne sur un rocher, au confluent de cette rivière

et du Fleuve Bleu. Le Kia-lin-ho descend du Kansou en traversant le nord du Se-tchouen.

En changeant de fenêtre encore, nous découvrons derrière les murs un spectacle d'un autre genre. Ce sont des milliers de tumulus. Ils se touchent tous; les collines au nord de la ville en sont couvertes. Aussi loin que peut s'étendre la vue, des tertres s'élèvent avec des pierres blanches où sont gravées des inscriptions.

Les tombes ne sont pas toutes les mêmes en Chine ; dans le nord, elles sont généralement entourées d'arbres. Toute famille nombreuse a son *feun-ti* (1). Dans le Fo-kien, les tombeaux sont en fer à cheval; un demi-cercle de cette forme entoure tous les sépulcres de la famille, rangés à la file. On enterre partout, et toujours une tombe nouvelle se creuse pour un nouveau mort; il semble que la Chine soit un vaste cimetière. J'ai entendu dire qu'on anéantissait les vieilles tombes à chaque changement de dynastie.

Tels étaient les différents tableaux qu'on apercevait de notre salon du premier étage.

Un jour que le ciel s'était un peu éclairci, nous reçûmes dans cette salle un jeune homme, l'ami et le lettré du fils du *tao-taï*, « le vieux monsieur Wen; » nous nous étions souvent entretenus avec lui de Tchong-kin, des mandarins et des usages de la Chine.

« Nous avons dans nos murs, dit-il, vingt à trente pagodes ou monuments. Voulez-vous que nous profitions du beau temps et que nous allions faire un tour par la ville ? »

— Très volontiers, répondis-je.

Et nous montons en palanquin. Nous traversons un labyrinthe de rues étroites et sales. Une voie dallée de pierres blanches, aux maisons espacées, assez déserte, sans boutiques, et ressemblant à une route, se présente ensuite. J'y suis arrêté par un monument singulier. Des colonnes géminées de forme carrée et étroites figurent à quelque intervalle deux potences : dans le haut de chacune, des bandes de pierre découpent un carré où sur une large plaque on lit des caractères sacrés. Une ligne de marbre sculpté relie les deux potences dans leur partie supérieure, et par-dessus le tout est jetée une longue frise, toute gravée de figures et d'animaux.

Des corniches de pierre et une curieuse superposition de nouvelles frises, de cartouches de marbre aux dessins en relief, de statues de mandarins dans des chambres à jour, de colonnettes torses, de broderies, d'inscriptions, de figurines, s'échafaudent en une sorte de portique grêle, évasé, où n'entrent que deux éléments : le marbre et la pierre, et que surmonte une flamme de granit.

Nos porteurs s'étaient reposés là quelques minutes.

« Vous êtes surpris de la richesse de cet arc de triomphe ? me dit M. Wen, et vous n'êtes pas éloigné de penser qu'il fut érigé en l'honneur de quelque victoire ? Eh bien ! vous vous tromperiez

(1) Cimetière.

Il est dédié à une veuve fidèle à la mémoire de son mari, et qui fut un modèle de piété filiale envers les parents du défunt. »

Nous repartons et nous allons dans un autre quartier voir la grande pagode d'*Ouen-miao*.

L'architecture en est la même que celle des temples chinois que nous connaissons. Qui a vu une pagode les a vues toutes : nous ne fatiguerons pas le lecteur inutilement.

« C'est dans tout l'empire le seul sanctuaire qui possède une statue de Confucius, » me dit mon compagnon.

J'étais curieux de contempler les traits du grand philosophe. Nous entrâmes. Je me trouve subitement entouré d'une quantité d'énormes Bouddhas dans toutes les postures et de toutes les formes. Les uns me foudroyaient avec des regards féroces, les autres me menaçaient d'un couteau; d'autres levaient la main pour me maudire. J'étais le téméraire profane contre qui semblaient s'amonceler toutes les colères des dieux.

« Où donc est la statue? » demandai-je. Le bonze resta un moment silencieux.

« Les Bouddhas jaloux, pensai-je, l'auraient-ils dérobée exprès à mes regards? »

Mais le prêtre chinois me dit :

« Elle demeure enfermée. Nul ne la souille des yeux. Elle repose dans le trésor, qu'elle rend plus riche. »

Je dus me retirer sans avoir contenté mon désir.

Cette statue voilée, qui reste inconnue et mystérieuse, et dont personne ne peut soulever le rideau, cachée et redoutable, plongée dans la nuit, mais éblouissante peut-être, n'était pas sans causer une impression de grandeur. Je me suis laissé dire pourtant que le motif pour lequel on en interdit l'accès est assez peu sérieux. Confucius, paraîtrait-il, est dépeint dans les livres sacrés si difforme de taille et de figure qu'on a défendu de le représenter, en dessin ou en buste, de crainte que le sublime docteur ne prêtât à rire. Le mandarin Tchang-tsong, du temps de la dynastie des Ming, fit la statue qui est dans ce temple, et fut dépouillé de son grade pour cet acte impie.

Nous visitâmes encore le Tchang-ngan-se (le « Temple de l'éternelle paix »), où ont lieu les assemblées des diverses sociétés et corporations de la ville, et même de tout le Tchuen-tong. Cette pagode renferme de vieux fusils en quantité, des lances, des canons rouillés : c'est l'arsenal; on y garde les armes pour la défense de Tchong-kin contre les rebelles.

Les missionnaires, par un jour de ciel bleu, voulurent me montrer les environs de Tchong-kin : je partis avec deux d'entre eux pour une promenade de cinq à six lieues au nord de la ville. C'est un pays de montagnes, très habité, bien cultivé partout. La route que nous suivîmes était dallée, comme toutes celles du midi de la

Chine, de grands pavés en pierres blanches. Nous devions rester dehors quarante-huit heures.

Après une demi-journée de marche, nôtre chaise nous déposa devant une vaste habitation de riche presque en ruine, du nom de *cha-pin-pa*. Nous pénétrâmes par une enfilade de cours dans un immense jardin qui renfermait des arbres de toute espèce, grands et petits, de très beaux bassins et quelques kiosques.

SAVETIER EN PLEIN VENT.

La pièce où l'on servait à manger s'ouvrait sur une salle de théâtre. On voyait encore l'emplacement de briques où avait été la scène, vis-à-vis des convives, qui pouvaient jouir de la représentation durant le repas. Ainsi, au moyen âge, nos châtelains. dans de riches dîners, amusaient par des jeux d'acteurs et de machines les invités à qui ils voulaient faire honneur; les vieux chroniqueurs qui les mentionnent parlent avec enthousiasme de ces *entremets* célèbres à l'époque de l'enfance du théâtre.

Le soir, nous couchâmes dans une maison indigène.

Ces habitations chinoises ont invariablement leurs portes et

CAFÉ CHINOIS.

leurs fenêtres au sud. On n'y pratique jamais d'ouverture à l'ouest, à l'est ni au nord; l'œil-de-bœuf même n'existe pas. Il paraît que dans les villages surtout on redoute fort les courants d'air.

De petites chambres contiennent des familles nombreuses et sont remplies d'habits et de matelas qui ont perdu l'habitude du lavage depuis des années.

En été, elles deviennent des fournaises qui exhalent une odeur repoussante. Mais chez les Chinois le principe l'emporte sur l'inconvénient : ce sont là les mœurs et les traditions des ancêtres! tout est dit.

Chez les pauvres, chaque famille n'a généralement qu'une seule chambre; le jour et la nuit, cet appartement sert à tous, à moins qu'il n'y ait des filles déjà âgées. Sur le même lit, souvent sous la même couverture, en hiver surtout, couchent le père, la mère, cinq ou six marmots. C'est presque le *Ki-mao-fan*, cet *hôtel des Mendiants* dont parle M. Huc, et qui abrite cinquante ou soixante dormeurs sous le même drap.

La partie la moins noble du lit est réservée aux enfants : d'ordinaire, c'est le côté le plus éloigné de la porte.

Dans le nord de la Chine, les lits ne sont pas en bois, mais en briques; ils s'appellent *kan :* pendant la saison froide, on les chauffe par un trou pratiqué au bas de la maçonnerie en forme de four. Cette bassinoire d'un nouveau genre a le désâvantage, si le tirage n'est pas bien établi, d'asphyxier en peu de temps toute la famille.

Au pied du *kan*, on dispose une couche de sable fin : les enfants s'étendent là. Cette sablonnière est molle comme du duvet; ils y dorment tout à leur aise, et les parents n'ont plus à s'occuper d'eux.

La nourriture des enfants est ordinairement celle du grand-père et de la grand'mère, surtout s'ils font partie de l'école du hameau; car alors les fatigues de dix heures d'étude en un jour exigent qu'ils soient mieux nourris que le reste de la famille. Les petites filles n'ont pas le droit d'étudier : aussi mangent-elles comme leurs mères, c'est-à-dire un peu moins bien que le grand-papa et la grand'maman.

Quant à l'éducation première, elle est fort simple. Les enfants qu'on n'envoie pas à l'école font peu à peu tout ce qu'ils veulent. Mais il est trois crimes contre lesquels la pénalité familiale sévit inflexiblement, savoir : si l'enfant n'a pas ramassé ses deux ou trois sacs d'herbes sèches, ce qui est le chauffage des pauvres; s'il a volé une chose, non pas au voisin, — le péché serait moins gros, — mais à la maison; enfin s'il a manqué en quelque point à la décence. Dans ces trois cas, le petit Chinois reçoit des coups de poing sur la tête et dans le dos.

En revenant à Tchong-kin, le lendemain de notre excursion, nous traversions un village, quand nous fûmes témoins d'un spec-

tacle bien amusant. Une femme se disputait avec plusieurs personnes, et, plantée sur ses petits pieds, qu'on eût dit des sabots
de chevreuil, elle trépignait avec frénésie. Enfin, vcyant que ses
cris ne servaient de rien et que tout le mouvement qu'elle se donnait n'avait pas l'heur de convaincre ses adversaires, elle s'échappa
et monta sur le toit de sa maison : de là, elle maudit tout le
monde avec une telle furie d'expressions, avec une telle richesse
d'injures, que le village effrayé s'enfuit, et que les habitants, pour
éviter les malédictions, fermèrent leurs portes. — « *Ouan-pa-tane*
(œufs de tortue)! criait-elle; *keou* (chiens)! vos mères vous ont
conçus dans les immondices! Que le ciel vous écrase tous! soyez
maudits, soyez maudits! »

Nous ne pouvons donner qu'une faible idée dans notre langue
de l'énergie des métaphores qu'elle décochait.

Mais c'était encore trop peu pour satisfaire sa fureur : il lui fal-
lait des armes palpables. De rage elle se mit à casser des tuiles et
à les jeter; elle aurait démoli sa maison! Nous la laissâmes isolée
sur sa toiture, car les Chinois ont encore plus peur des malédic-
tiors que des coups, et ils pardonnent moins ces blessures morales
que des contusions matérielles. Je n'ai pu savoir le motif de cette
grande colère.

Nous avions à peine perdu de vue cette réjouissante scène, que
nous vîmes venir à nous une magnifique chaise rouge. Elle allait
chercher une jeune fille en toilette de mariée.

Les Chinoises de bonne famille ne sortent jamais avant leur
mariage; leur fiancé les épouse sans les avoir vues. Voici comment
se fait la cérémonie des noces, à laquelle j'ai eu, une fois, la rare
faveur d'être admis.

La jeune fille sort de chez elle en palanquin; on la fait descendre
dans la maison de son fiancé, et avant d'entrer dans sa nouvelle
famille, elle adresse trois génuflexions aux quatre points cardi-
naux. Elle se rend ensuite, la tête couverte, dans le *ko-ting*, qui est
la meilleure pièce de la maison; là, devant un Bouddha et en pré-
sence des parents, a lieu la célébration du mariage. On fait boire
du vin aux époux, on leur psalmodie toutes sortes de sentences;
on réunit leurs mains et on place dessus un coq en sucre; enfin,
on leur souhaite une prospérité de dix mille ans.

Après cela, on passe à la cérémonie des salutations : les parents
feignent de se mettre à deux genoux devant les mariés; ceux-ci
courent à chacun d'eux pour les en empêcher, et prennent eux-
mêmes l'humble posture. Ils en sont relevés, et c'est le moment,
si la famille est riche, où l'on glisse dans la main de la jeune fille
ou du jeune homme soit un bijou, soit de l'argent, soit un autre
cadeau.

Durant tout ce temps, la femme reste voilée. Après la célébration, on l'a séparée de son mari, et ils ne seront, je crois, réelle-

ment laissés ensemble que le lendemain : alors il sera loisible au nouvel époux de connaître enfin les traits de celle qu'il doit aimer.

Immédiatement après les salutations, vient le repas; tous les parents et amis sont invités à un grand dîner. La jeune femme y assiste : elle est assise devant une table bien servie, mais il lui est interdit de manger. Il y a plus de vingt-quatre heures que cette pauvre créature n'a rien pris. Deux femmes la soutiennent pour la faire marcher. Le repas fini, on la conduit dans la chambre nuptiale.

Vers les six heures du soir, nous étions de retour au *koung-kouan*, très satisfaits de notre excursion de deux jours.

Enfin nous ne sommes plus séparés de la capitale du Se-tchouen que par deux ou trois journées de navigation; mais ce seront les plus lentes, à cause des ouvrages établis par les riverains dans le lit même de la rivière qu'ils obstruent. A chaque instant des barrages pour l'irrigation. Deux d'entre eux, désignés par le nom de *tien-eul-ien*, interceptent le courant dans toute sa largeur. Ils sont fermés sur le milieu par une énorme vanne en poutres recouvertes de nattes. Il nous fallut parlementer plusieurs heures pour obtenir le passage. Nous pensâmes un instant renoncer à faire soulever l'écluse.

— Les notables sont absents, disaient les éclusiers. Nous ne pouvons laisser circuler sans leur ordre.

— Très bien, répondit Wen, mais vous devez laisser passer ces nobles étrangers. Le vice-roi les attend.

— Nous n'ouvririons pas même au vice-roi. L'agriculture est la seule maîtresse de cette eau.

Le fait est que les règlements autorisent les syndicats agricoles à s'approprier le débit total de la rivière. Nous finîmes cependant par arracher la faveur de traverser le barrage. Un délégué du nom de Wan, mandé par le vice-roi de Tchen-tou et le maréchal tartare, était arrivé pendant les pourparlers; il acheva de vaincre la résistance des gardiens de l'écluse.

Après les éclusiers, ce sont les douaniers du *ly-tsi* (1) (douane intérieure) qui nous arrêtent. Chaque rivière, chaque route, chaque canal a un poste de ces incommodes agents, placés là pour rançonner le commerce. Ils nous avaient respectés jusqu'ici, mais il était écrit que nous ne finirions pas notre voyage sans constater par nous-mêmes la rapacité de ces fonctionnaires. Notre nouveau délégué a mille peines pour nous en débarrasser. Nous savons pertinemment que la douane intérieure, contre laquelle on ne cesse de protester, commet des exactions de toute espèce, et qu'elle est protégée cependant par les sous-préfets et les chefs

(1) Ou Li-kin.

militaires, dont elle augmente les revenus. Aucune des taxes per-
çues par cette douane n'entre au trésor impérial.

La vaste plaine de Tchen-tou nous entoure maintenant. On ne
voit plus de montagnes. A perte de vue des champs cultivés, des
jardins potagers. Les villages disparaissant dans des fourrés de

VOLEUR MENÉ AU TRIBUNAL.

bambous font çà et là des taches grises sur la campagne verte.
Partout la vie, le travail, la prospérité. Les arbres fruitiers
sont riches de promesses. Les maïs sont splendides. Des pay-
sans sont répandus dans les herbes. Cependant la rivière étroite
est tranquille, bleue, bordée de grands saules pleureurs et de
pamplemousses. Nous naviguons sous des feuillages qui s'accro-
chent aux vergues et qui, secoués sur nos bateaux, y laissent

tomber des poussières d'or. Une chanson militaire est répétée par l'écho des rives : des jonques rasent les nôtres, remplies de soldats qui vont châtier les Lolos.

Nous descendons de nos barques devant un barrage qui annonce les faubourgs de Tchen-tou-fou. Si les eaux avaient été hautes, nous aurions pu nous avancer jusqu'aux portes de la grande métropole sur le canal qui fait le tour de ses murailles. Mais nous sommes à la saison des eaux basses. Sur la berge, un mandarin nous reçoit : il vient nous annoncer que le gouvernement provincial nous a fait préparer un logement dans la ville.

II

TCHEN-TOU

Tchen-tou, belle et riche cité de huit cent mille âmes, capitale de l'immense province du Se-tchouen, est située au milieu d'une grande plaine. Il n'en est pas de plus fertile dans la Chine entière, de plus peuplée, de plus verdoyante, de plus admirablement arrosée par une quantité innombrable de canaux. Cette plaine a une superficie de 2,400 milles carrés, et, sans compter la population de Tching-tou, elle nourrit 1,900,000 habitants. Ses produits sont considérables et d'une excellente qualité. On y cultive le riz, le blé et le chanvre en abondance.

On s'y livre aussi à l'industrie séricigène, qui occupe, l'hiver surtout, l'intérieur des familles : les uns dévident les cocons, les autres pratiquent l'ouvraison des grèges ; d'autres ont des métiers à tisser. On se partage ainsi entre le travail de la soie et le jardinage.

La ville de Tchen-tou est, selon nous, la plus belle de tout l'empire. Son circuit est de quarante-huit *ly* (1), y compris les faubourgs. Ses rues sont très larges et très belles, bien entretenues, nettes à l'œil.

Nous y entrons en palanquin, par la porte de l'Est, suivis d'une escorte nombreuse. Le quartier que nous traversons est le plus beau de la ville. La rue où nous sommes est une superbe avenue, longue, spacieuse, bien aérée, et arrosée de ruisseaux sur les deux côtés de la chaussée convexe ; elle est dallée de larges pierres blanches, en carrés, jointes symétriquement, et bordée d'élégantes maisons. Les devantures des magasins sont presque toutes en bois sculpté et verni ; devant les portes des habitations, une propreté absolue règne partout. Vraiment on ne croit pas être dans une ville chinoise. De jolies boutiques sont pour la plupart remplies d'objets de luxe : pièces de soie disposées avec art pour séduire le

(1) Près de cinq lieues.

passant, chaussures brodées avec applications de velours, vêtements de théâtre avec plaque de cuivre et bonnets à longues plumes de faisan, article de Canton en ivoire sculpté, — lesquels viennent ici par voie de terre, apportés par des marchands ambulants ; — ornements d'argent, pierreries, fourrures d'écureuils volants. Devant chacune, de coquettes lanternes en papier de couleur ou en soie sont accrochées, portant le grand caractère *fou* (bonheur). On sent partout la grande ville puissante et riche.

Tout le monde est sur pied : on veut voir les diables d'Occident, ces bêtes presque fabuleuses. Nous arrivons, non sans quelque peine, à travers cette affluence, au logis que les mandarins nous destinent.

J'avais précisément alors à aller faire une visite officielle au sous-préfet. Je monte en palanquin, et, pour éviter les regards curieux, je baisse le rideau de ma chaise. Quatre chrétiens me portaient, quatre soldats de Tchong-kin me servaient d'escorte.

Après avoir suivi une longue rue, nous débouchons tout à coup sur une grande place, où une foule compacte stationnait devant un théâtre ambulant. Les Chinois sont très friands de ce plaisir : j'espérais n'être pas vu d'eux. Mes porteurs travaillaient à se frayer un chemin ; les soldats criaient très haut de faire place. Malgré cela, nous avancions lentement. Soudain je me sens toucher le bout du pied, qui, par mégarde, passait un peu sous le tablier du palanquin : je le retire vivement, mais il était trop tard. J'entends se croiser des exclamations :

« Oh ! le drôle de pied ! — Avez-vous vu ? — Qui est-ce qui peut être là dedans ? — C'est un diable d'Occident, sans aucun doute ! — Allons regarder. »

Et il y en eut un, plus hardi que les autres, qui souleva l'étoffe.

« Oui, c'est un étranger ! — Venez, venez. »

On ne prête plus d'attention au théâtre ; bientôt toute la foule est autour du palanquin.

Les injures pleuvaient ; quelqu'un même cria : « *Ta, ta !* (Frappez, frappez !) » Que vient-il faire ici ! Je relevai le tablier, tous pouvaient me voir maintenant, et leur curiosité satisfaite, je pensais pouvoir continuer mon chemin. Mais ils ne se calmèrent pas pour cela. Les uns me menaçaient avec des bambous, les autres me lançaient des poignées de terre ; quelques pierres même m'atteignirent ; mais nul n'osa porter la main sur le palanquin.

Les Chinois ont, malgré eux, le respect des insignes de l'autorité. J'étais dans un palanquin bleu, le chapeau officiel coiffait mes domestiques, et je m'abritais, pour ainsi dire, sous la sauvegarde des mandarins. Je fus cependant bien secoué ; par moments, on poussait les porteurs, et quelques-uns cherchaient à les renverser. Si la chaise était tombée à terre, je suis convaincu que c'en eût été fait de moi. Heureusement ceux qui la soutenaient, tant chrétiens que soldats, avaient le plus grand intérêt à ce qu'il ne m'arrivât pas malheur. Ils furent très adroits.

TYPE DE MENDIANT.

Pendant plusieurs jours nous fûmes très alarmés. Nous nous demandions si l'on n'allait pas venir nous assiéger dans notre maison. Le vice-roi semblait prendre plaisir à faire durer nos transes :

nos lettrés revenaient toujours sans qu'il se fût laissé voir. Il s'était borné seulement à faire arracher des murs les placards. Enfin, cinq ou six jours après cette sortie dangereuse, il daigna nous envoyer un préfet, chargé d'une lettre de Son Excellence.

LE PILORI.

Il consentait à nous recevoir et mettait à notre disposition une nombreuse escorte.

Donc, le lendemain, nous commandâmes à notre diseur de *cheu* de faire préparer deux palanquins, un vert et un bleu. A une heure de l'après-midi, nous étions en route. Toute la partie de la ville où nous habitions, sachant que nous allions sortir, était sur pied pour nous voir passer.

Plus de cinq cents personnes encombraient déjà les abords du

Koung-kouan. Mais les soldats du vice-roi ne se laissaient pas intimider : ils firent faire place énergiquement. Nous étions en habit noir, et je comprends aisément tout ce que ce costume peut avoir d'étrange pour la population de Tchen-tou. Certes leur vêtements sont bien plus beaux, bien plus riches, et surtout bien plus commodes; et c'était la première fois qu'ils assistaient à un pareil spectacle; ils étaient donc excusables d'en rire à cœur joie.

Le *ya-men* d'un vice-roi a été décrit déjà dans plusieurs ouvrages; presque tous sont disposés de la même manière. Celui de Tchong-tou est un des plus éclatants et des plus magnifiques.

Le vice-roi est un gros homme de soixante ans, assez aimable. Il nous donna des paroles de paix et voulut, je crois, nous étonner par la réception qu'il nous fit : le fait est qu'elle était très belle et très imposante.

Le lendemain, c'était le tour de notre seconde visite à un autre puissant personnage, au *kian-kiun* ou maréchal tartare.

Dans toutes les cités importantes de l'empire, il y a un quartier tartare qui est comme une ville dans la ville. Là le maréchal a son palais, et ses soldats, tous Mandchoux, sont logés autour de lui avec leurs familles. Le *kian-kiun* est le représentant de l'empereur; le vice-roi ne peut rien faire sans son concours. La dynastie actuelle, n'étant pas certaine d'être aimée partout, s'impose par ses Tartares; de là le quartier spécial dont nous venons de parler. Les Tartares ne cultivent pas la terre; ils sont au service particulier du souverain : tous sont soldats. En nous rendant chez le maréchal, nous voyons sous une porte, qui est, je crois, celle de la ville tartare, deux grandes cages de fer à peu près d'un mètre carré. Dans chacune était accroupi un malheureux torturé, dont la tête passait par une ouverture de la grille; cette tête était tuméfiée, et ce devait être pour le patient une souffrance épouvantable de ne pouvoir porter la main à sa figure souffrante, surtout par la chaleur qu'il faisait. Eh bien! le caractère chinois est tel qu'en voyant passer des êtres aussi grotesques que des Européens en habit, ces têtes douloureuses se mirent à rire...

Les condamnés à ce supplice, me dit-on, étaient coupables d'un vol de jeunes filles; quatre mois de ce pilori leur avaient été infligés par le préfet, et le jugement de leur faute était affiché au-dessus des cages. Les malheureux ne pouvaient faire un mouvement; ils ne mangeaient qu'avec l'aide de leurs parents ou de leurs amis. Ce fait de voler des enfants ou des jeunes filles, quoique puni avec tant de rigueur, se rencontre fréquemment en Chine.

Nous étions dans la ville tartare : nous traversâmes d'abord le le Champ de Mars, où des jeunes gens s'exerçaient au tir de la flèche. C'étaient, sans doute, des aspirants au grade de bachelier militaire. Un officier chinois doit savoir bien tirer de l'arc et soulever de grosses pierres : c'est là la principale partie de l'examen.

Toutes les maisons de la cité tartare sont entourées de jardins agréables et spacieux. Ce quartier renferme de vrais boulevards, tels que je n'en ai vu nulle part en Chine; car ceux de Pe-kin, on l'a dit avec raison, sont des cloaques.

Il y avait toujours foule sur notre passage, et foule très gaie : nous étions pour toute la ville une cause de grande joie. Nous franchîmes la porte du *ya-men*. Les cours plantées d'arbres élevés lui donnent l'aspect d'une campagne : des jardins de toutes dimensions se succèdent; partout des soldats font la haie; la garnison est debout tout entière. Ce fut une réception magnifique, qui l'emporta même sur celle que nous avait faite le vice-roi. Nous apercevions de loin, à travers deux ou trois cours, le maréchal au centre d'un état-major de quatre cents mandarins. Il nous reçut avec courtoisie. Nous entrâmes dans un salon donnant sur un jardin plein de fleurs et où bruissait une cascade. On nous servit une collation qui nous fit plaisir : j'y mangeai d'excellents nids d'hirondelle au sucre.

Depuis quelques moments nous percevions des bruits singuliers : c'était comme un susurrement contenu d'où jaillissaient parfois des fusées grêles. Nous cherchions inutilement des yeux ce qui pouvait produire ces drôles de sons; enfin nous nous aperçûmes que des trous avaient été pratiqués dans la cloison et que des yeux malins nous regardaient. C'étaient les femmes, les filles du maréchal et toutes les grandes dames de la ville à qui le *kian-kiun* donnait le régal de nos cravates blanches et de nos queues de morue.

Quand nous sortîmes du *ya-men*, ce fut parmi le peuple une tempête de rires. Dans les rues, aux portes, aux fenêtres, sur les toits, les terrasses, les murs, les arbres, des têtes moutonnaient comme des vagues dans la mer. Dès qu'à ces regards affamés nos fracs noirs et notre linge blanc eurent été livrés en pâture, ce fut une explosion d'immense gaieté : on trépignait, on criait, on aboyait de rire : quelques-uns s'approchaient tout près et nous jetaient des gloussements à la figure. Nous étions étourdis et ahuris par cette hilarité formidable.

Quelques jours après, nous montâmes en palanquin pour aller à bord de nos deux anciennes barques; elles vont maintenant nous porter à Han-keou. Nous avions eu d'abord l'intention de retourner à Pe-kin par terre, en suivant la grande route impériale qui passe à Sin-gan-fou, dans le Chensi; mais nous étions déjà fatigués, et pendant les chaleurs ce voyage eût été trop pénible et trop long. Nous résolûmes donc de reprendre le même chemin, malgré les dangers que nous pourrions courir en descendant le Fleuve Bleu à l'époque de la crue.

Enfin, le 30 juin, nous abordons au port souhaité ! Nous y recevons une cordiale hospitalité. Je n'oublierai jamais avec quelle volupté je me jetai sur une carafe d'eau glacée.

« Nous sommes donc de retour ! me disais-je. Voici une ville européenne où l'on peut boire frais quand il fait chaud, où le confort existe et n'est pas une excentricité qui prête à rire ! »

En retrouvant enfin à Han-keou l'empreinte de la civilisation d'Occident, en sortant de la Chine pure, j'éprouvai quelque chose de l'impression d'un explorateur qui serait descendu au fond de la terre, aurait visité les merveilles des mines lointaines, étudié curieusement les minerais, suivi les veines et, fatigué de la nuit continue et du manque d'air, remonterait enfin au jour.

Je repassais à part moi tout ce voyage, ce que j'avais vu, ce que j'avais pensé, ce que j'avais appris : l'esprit à la fois si actif et si rétrograde de ce peuple, sa civilisation et sa corruption profondes, ses hostilités et ses bienveillances, sa dégénération et ses germes d'avenir. Alors je me pris à souhaiter pour ce grand empire si digne d'intérêt et de sympathie une rénovation qui le retrempât tout entier ; je rêvai pour lui une main énergique qui harmonisât ces éléments disparates, un chef enfin qui, mettant au service d'une idée élevée ces deux forces, le travail, le respect de l'autorité, leur imprimât une puissance d'irrésistible expansion.

Gaston DE BEZAURE.

CARAVANE MONGOLE.